# Lettre à Celso Cerretti

## 1896

### MICHEL BAKOUNINE

# TABLE DES MATIERES

# LETTRE INÉDITE DE BAKOUNINE À CELSO CERRETTI (1872)

Mon cher ami. En même temps que m'arrivait votre lettre, j'ai reçu la grande, la triste nouvelle : Mazzini est mort[1].

L'Italie vient de perdre l'un de ses plus illustres enfants, Car pour aucun de nous il ne peut y avoir de doute, n'est-ce pas, que Mazzini, avec Garibaldi, n'ait été l'une des plus grandes individualités italiennes, le second héros du siècle. Intelligence éminente, cœur ardent, volonté indomptable, dévouement invariable, sublime, voilà, certes, des qualités que nul n'osera lui contester et qui font les grands hommes.

Et pourtant, à la fin de sa longue et magnifique carrière, il a rencontré en nous des adversaires convaincus et irréconciliables. Nous l'avons combattu, non de gaîté de cœur, mais la tristesse dans l'âme, et parce que notre devoir,notre religion à nous, la religion de l'humanité, opposée à celle de la divinité, nous avaient commandé ce combat.

Les idées théologiques de Mazzini, armées de cette puissance liberticide qui est propre à toutes les abstractions divines, ayant finalement triomphé de son tempérament de révolutionnaire et de sa nature foncièrement libérale d'Italien, l'avaient transformé, dans les derniers jours de sa vie, en un adversaire implacable de la révolution. Il l'a maudite dans toutes ses plus grandes manifestations actuelles : dans la Commune de Paris, dont le programme destructif de la centralisation politique des États, et dont le soulèvement aussi bien que le martyre héroïque ont inauguré une ère nouvelle dans l'histoire; dans l'Internationale, organisation magnifique, sortie des profondeurs mêmes de la vie du prolétariat de l'Europe, et devenue incontestablement aujourd'hui le plus puissant sinon l'unique instrument de sa délivrance prochaine ; dans la libre pensée, cet alter ego, cette expression idéale, inséparable de l'émancipation matérielle du genre humain ; et dans la science positive, soleil humain qui se lève aujourd'hui pour remplacer par son jour certain la lumière équivoque des soleils divins ; enfin dans l'alliance généreuse et féconde que la partie la plus vivante et la plus intelligente de votre jeunesse a conclue avec le prolétariat italien, sur l'unique base de la justice et de la solidarité humaines. Mazzini nous a attaqués dans tout ce qui nous est cher et sacré et a voulu nous imposer des idées et des institutions que nous détestons du fond de nos cœurs et de toute la force de nos convictions. Nous eussions été des lâches et des traîtres si nous ne l'avions combattu à outrance. Le profond sentiment de respect sympathique, de piété que nous n'avons jamais cessé d'éprouver pour le sublime et sincère rétrograde, nous avait rendu ce combat bien douloureux, bien pénible, mais il nous fut impossible de nous y soustraire sans trahir notre cause, la grande cause du triomphe final de l'humanité sur la divinité et sur la bestialité réunies en une seule action rétrograde - par l'émancipation économique et sociale du prolétariat.

Nouveau Josué, Mazzini s'était efforcé d'arrêter le cours du soleil. Il a succombé à la tâche. Sa grande âme fatiguée, torturée, vient enfin de trouver le repos que, vivante, elle ne connut jamais. Le grand patriote mystique, le dernier prophète de Dieu sur la terre, est mort, emportant dans sa tombe, avec la dernière religion, Dieu lui•même, qui cette fois, espérons-le, ne ressuscitera pas.

Le parti de Mazzini n'est pas de force à continuer sa propagande, désormais impossible et qui, ne trouvant aucune base vivante dans les instincts réels de la nation italienne, n'avait été soutenue que par la seule puissance de son génie rétrograde. Il reste au sein de ce parti des hommes très honorables sans doute : Saffi, Campanella et surtout le vieux Quadrio, le plus noble et le plus pur des hommes que j'ai rencontrés dans ma vie, un vieillard que j'adore et qui probablement me maudit,... quelques autres encore dont les noms me sont inconnus ; mais aucun ne sera de force à recueillir l'héritage de Mazzini, et la constitution tant théorique que pratique de ce parti, autoritaire, s'il en fut, est telle que pour exister il a besoin d'un maître. Le maître est disparu, donc il doit se dissoudre. Pas tout de suite. Au contraire, il est plus que probable que dans le premier moment, galvanisés par la catastrophe qui vient de les frapper, ils feront un effort suprême pour s'unir encore davantage ; mais cette première heure passée, comme il n'existe point de lien bien réel entre tous, et comme leur parti n'a poussé aucune racine dans la vie populaire, les mazziniens ne pourront manquer de se diviser en beaucoup de petites églises, qui, gouvernées par des chefs différents, deviendront autant de petits foyers d'intrigues politiques... [2] et le plus souvent opposées. Beaucoup, et sans doute les plus vivants, les plus sincères, les plus jeunes, voudront se joindre à vous. Vous les recevrez sans doute avec un sentiment fraternel, mais, de grâce, ne vous laissez point par eux déborder et ne leur permettez pas d'introduire dans votre camp si compact leurs petites passions politiques, ambitieuses, décevantes et autoritaires. Ouvrez-leur une porte large : mais ne les recevez que sous la condition d' une franche acceptation de tout le programme de l'Internationale de leur part.

Permettez à un ami de vous prémunir contre un autre danger. Toute l'Italie pensante et sentante, saisie par une douleur immense, s'unit en quelque sorte aujourd'hui dans un sentiment d'ad0ration pour Mazzini. S'il n'y avait pas même d'autres preuves que celle-ci, elle suffirait à elle seule pour montrer combien l'Italie, au milieu de la décadence générale de l'Europe, est restée encore une nation grande et vivante. L'Italie s'honore et s'affirme dans le culte qu'elle rend à l'un de ses plus grands, à l'un de ses enfants et de ses serviteurs les plus passionnément dévoués. Quoi de plus naturel, que dans ce moment de douleur et d'enthousiasme suprêmes, mazziniens et internationaux italiens, les révolutionnaires bourgeois et les socialistes révolutionnaires, oubliant pour un moment toutes leurs dissidences passées, se tendent une main fraternelle. Mais, de grâce, au milieu même de cet embrasement patriotique, n'oubliez pas l'abîme qui sépare votre programme du programme des mazziniens. Ne vous laissez pas entraîner par eux - ce qu'ils ne manqueront certainement pas de tenter - à une entreprise pratique commune, conforme à leur programme et à leurs plans et modes d'action, non aux vôtres. Appelez-les à s'unir avec vous sur votre propre terrain, mais ne les suivez pas sur leur terrain à eux que vous ne sauriez accepter sans sacrifier et sans trahir cette grande cause du prolétariat qui désormais est devenue la vôtre. N'oubliez pas qu'entre la révolution bourgeoise qu'ils rêvent et la révolution sociale qui réclame aujourd'hui vos services, il y a réellement un abîme, non seulement quant aux buts qui sont essentiellement différents, mais aussi par rapport aux moyens qui doivent être nécessairement conformes à ces buts. En acceptant leurs plans d'action, non seulement vous ruineriez tout votre travail socialiste et vous arracheriez votre pays à la solidarité révolutionnaire qui l'unit, aujourd'hui, avec toute l'Europe, mais vous vous condamneriez vous-mêmes, avec tous ceux qui vous suivraient dans cette voie nouvelle et funeste, à une défaite certaine, à un fiasco sanglant et complet.

C'est un fait que toutes les expéditions entreprises et accomplies proprement par Mazzini, sans en excepter aucune, ont toujours échoué. Et pourtant qui osera dire que ces entreprises aient été inutiles ? Considérées dans leur ensemble, comme un système d'éducation pratique appliqué à la jeunesse italienne, elles produisirent un résultat immense : celui de réveiller, de former, d'inspirer et de constituer cette jeunesse patriotique et d'en faire le vrai germe de la résurrection italienne. Voilà la grande œuvre, l'œuvre immortelle de Mazzini : il a formé cette jeunesse et, par elle, il créa l'Italie telle qu'elle est, oui, mais seulement telle qu'elle est : l'Italie civilisée, lettrée, bourgeoise, l'Italie politique, l'Italie-État, non l'Italie sociale, non l'Italie populaire et vivante. À l'œuvre idéale et politique de Mazzini, il a manqué la consécration du peuple, non cette consécration apparente ou artificielle qui s'obtient par les suffrages politiques de cette abstraction, de ce mensonge politique qu'on appelle le suffrage universel, mais la consécration large et féconde qui ne s'obtient que par la participation réelle et par l'action spontanée de la vie populaire. Toute l'œuvre de Mazzini est restée en dehors de cette vie réelle des masses. Et voilà pourquoi cette œuvre gigantesque, entreprise par le plus grand homme du siècle et accomplie par deux générations de martyrs-héros italiens, semble une œuvre morte, ayant plutôt l'air d'un cadavre qui s'en va en putréfaction que d'un corps puissant et vivant ; et voilà pourquoi, malgré l'idéalisme transcendant de la pensée qui l'a inspirée, l'unité politique créée par Mazzini et plus qu'à demi pourrie aujourd'hui, est devenue l'Eldorado des parasites et des bêtes de proie immondes. Quelque grand que fût le génie d'un homme, il peut bien concevoir une pensée, il peut aussi l'inspirer à des centaines de jeunes gens, mais il ne peut créer la vie, ni la puissance de la vie, car la vie n'est jamais fille de l'abstraction, cette dernière procédant au contraire toujours de la première, et n'en étant jamais qu'une expression incomplète. Le secret et la puissance de la vie ne se trouvent jamais que dans la société, dans le peuple. Et tant que le peuple n'aura point donné sa sanction à une œuvre soi-disant nationale, cette œuvre ne sera jamais réellement nationale ni vivante... L'Italie créée par Mazzini a fatalement abouti à l'Italie des Lauza, des Bonghi, des Covreti et des Visconti-Venosta, à l'Italie des Crispi, Mordini, Nicotera et tutti quanti... Ceci n'a pas été un malheureux accident, mais une nécessité logique et fatale.

Nul ne l'a senti moins que Mazzini. Aussi retrouvez-vous le nom du peuple dans tous ses écrits ; il constitue même le second terme de sa fameuse formule : Dio e Popolo, et Mazzini a toujours déclaré qu'il ne considérera son œuvre comme définitivement accomplie, que lorsqu'elle aura été sanctionnée par le peuple. Mais le peuple dont parle Mazzini n'est pas le peuple réel, considéré dans sa réalité spontanée et vivante - son peuple à lui est un être fictif, abstrait, théologique pour ainsi dire. Les masses populaires, prises dans leur existence naturelle, réelle et vivante, ne constituent à ses yeux que lamultitude ; et pour que cette multitude devienne peuple, il faut qu'elle accepte d'abord la loi de Dieu, la pensée de Dieu, révélée par les prophètes, hommes de génie couronnés de vertu. Cette pensée qui a la vertu de transformer la multitude en un peuple n'est donc point l'expression de la propre vie de cette multitude, elle naît en dehors d'elle, et lui est par conséquent apportée et imposée du dehors. Telle est la vraie signification de cette formule : Dio e Popolo. Dio c'est la pensée dogmatique, aristocratique, extra-populaire et par conséquent antipopulaire, qu'on doit à toute force imposer à la multitude pour que cette dernière, par une apparence de vote spontané, la sanctionne et en la sanctionnant se fasse peuple. Le peuple de Mazzini c'est une multitude magnétisée, sacrifiée et facilement représentée dans les conciles et dans les constituantes par des hommes qui auront puisé leurs inspirations non dans les intérêts des masses, non dans la vie réelle des masses, mais dans une abstraction théologico-politique absolument étrangère à ces masses.

Notre principe, n'est-ce pas, est tout opposé ; en dehors de la science positive, nous ne reconnaissons aucune autre source de vérités morales que la vie même du peuple, la science positive elle-même n'étant que le résumé méthodique et raisonné de l'immense expérimentation historique des peuples. La société, prise dans le sens le plus large du mot, le peuple, la vile multitude, la masse des travailleurs, ne donne pas seulement la puissance et la vie, elle donne aussi les éléments de toutes les pensées modernes, et une pensée qui n'est pas puisée dans son sein et qui n'est point la fidèle expression des instincts populaires, selon moi, est une pensée mort-née. D'où je tire cette conclusion que le rôle de la jeunesse dévouée et instruite n'est pas celui de révélateurs, de prophètes, d'instructeurs et de docteurs, non celui de créateurs, mais seulement d'accoucheurs de la pensée enfantée par la vie même du peuple ; c'est-à-dire que les jeunes hommes qui veulent servir le peuple doivent chercher leurs inspirations non en dehors de lui, mais en lui, pour lui donner sous une forme nettement exprimée ce qu'il porte confusément dans ses aspirations aussi inconscientes que puissantes.

Parmi les pensées populaires, celle qui incontestablement occupe aujourd'hui la première place dans les aspirations des masses de tous les pays, c'est l'émancipation matérielle ou économique. Les mazziniens, du haut de leur idéalisme extra•populaire et transcendant, dédaignent beaucoup cette tendance, et s'ils se sont vu forcés à lui faire certaines concessions dans ces derniers temps, ils ne le font qu'avec une sorte de condescendance dédaigneuse pour la vile brutalité de ces masses incapables d'oublier leurs ventres, et de vivre dans l'unique contemplation de l'idéal. Leur socialisme méprisant est une sorte d'amorce pour la multitude que la beauté de cet idéal ne touche pas. Aveuglés par leurs propres idées théologiques et politiques, idées qui représentent au fond autant de chaînes antiques et nouvelles pour le peuple, ils n'ont vu dans cette aspiration que l'expression brutale d'appétits brutaux, et ils n'ont pas compris que, dans sa forme inconsciente et naïve, elle contient la plus haute et la plus émancipatrice idée du siècle ; celle qui, en détruisant toutes les idéalités comme abstractions, comme fictions ou comme symboles théologiques, poétiques, juridiques et politiques, doit les transformer en des réalités populaires vivantes : vérité, justice, liberté, égalité, solidarité, fraternité, humanités, toutes ces magnifiques choses, tant qu'elles sont restées à l'état de vérités théologiques, poétiques, politiques et juridiques n'ont servi qu'à consacrer et couvrir la plus brutale et la plus dure oppression et exploitation dans la vie réelle du peuple, n'ont exprimé que la condamnation des masses à la misère et à la servitude éternelles. La base réelle, en même temps que la dernière conséquence de toutes ces abstractions splendides, n'a-t•elle pas toujours été, depuis qu'existe une histoire, l'exploitation du travail forcé des masses au profit des minorités privilégiées appelées classes ? L'Église catholique, la plus idéale de toutes par son principe, n'a-t-elle pas été, depuis les premières années de son existence officielle, c'est-à-dire depuis l'empereur Constantin le Grand, l'institution la plus rapace et la plus cupide ? Et tout le reste à l'avenant. Toutes les splendeurs de la civilisation chrétienne, Église, État, prospérité matérielle des nations, science, art, poésie, tout cela n'a-t-il pas eu pour cariatide l'esclavage, l'asservissement, la misère des millions de travailleurs qui constituent le vrai peuple ? Que fait donc le peuple en posant cette terrible question économique ? Il attaque toute cette civilisation, qui l'a trop longtemps asservi, dans sa base réelle. Il force les idéalités éternelles à tomber du ciel soit théologique, soit politique, sur la terre de la vie réelle et à se transformer en des réalités vivantes et fécondes pour le peuple. En revendiquant son pain quotidien, le plein produit de son travail, le peuple revendique donc pour lui-même la science, la justice, la liberté, l'égalité, la solidarité, la fraternité, et pour dire tout en un mot, l'humanité. D'où il résulte que son matérialisme, que les mazziniens méprisent tant, est la plus haute expression de l'idéalisme pratique et réel.

Voilà ce que les mazziniens, tant qu'ils resteront fidèles à la doctrine politico-religieuse de leur maître, ne comprendront jamais. Mais de la différence des préceptes et des buts découle inévitablement la différence des moyens et de la pratique révolutionnaire. Les mazziniens, infatués de leurs idées prises en dehors de la vie et des réelles aspirations populaires, s'imaginent qu'il leur suffit de se former en petits centres de conspiration dans les villes principales d'Italie, au nombre de quelques dizaines dans chacune, en entraînant avec eux tout au plus quelques centaines d'ouvriers, et de se lever à l'improviste dans une insurrection simultanée, pour que les masses les suivent. Mais d'abord ils n'ont même jamais su organiser un soulèvement simultané ; et ensuite et surtout les masses sont restées toujours sourdes et indifférentes à leur appel, de sorte que toutes les entreprises mazziniennes ont eu pour résultat invariable des fiasco sanglants et même quelquefois ridicules. Mais comme les mazziniens sont des doctrinaires incorrigibles, systématiquement sourds aux cruelles leçons de la vie, cette succession terrible d'avortements douloureux, cette expérience même ne leur a rien appris. À chaque printemps, ils recommencent de nouveau, attribuant toutes ces défaites passées non au vice inhérent à leur système, mais à quelques circonstances secondaires, à des accidents défavorables, accidents qu'on retrouve dans toutes les entreprises connues de l'histoire, mais qui n'ont pu être vaincus que par celles qui ont vraiment émané des profondeurs mêmes de la vie réelle.

Les mazziniens sont-ils devenus aujourd'hui plus clairvoyants, plus pratiques ? Pas du tout, et pour preuve, c'est que si Mazzini n'était point mort, ils auraient fait un nouvel essai, condamné certainement au même sort. Ils sont incorrigibles, ils mourront incorrigibles et sont frappés de stérilité pour toujours.

Ces entreprises toujours avortées avaient une raison d'être, malgré leur insuccès constant et fatal, alors qu'il s'agissait de réveiller et de former le patriotisme de la jeunesse italienne. Ce fut, comme je l'ai dit déjà, l'œuvre glorieuse de Mazzini. Mais une fois cette œuvre accomplie, il fallait absolument changer de système, sous peine de la détruire ou de la corrompre elle-même. Le vieux système de Mazzini, qui était excellent pour créer une vaillante jeunesse, ne valait rien pour produire une grande révolution triomphante. Étant lui-même toujours dominé par ses abstractions théologiques, poétiques, politiques et patriotiques, étant d'un autre côté parvenu à faire partager plus ou moins l'enthousiasme doctrinaire, dont il avait été lui-même animé, à un nombre d'ailleurs toujours restreint de jeunes gens, ses disciples, Mazzini avait cru que ses abstractions suffisaient pour enlever les masses. Il n'a jamais compris que les masses ne se mettent en mouvement que lorsqu'elles y sont poussées par des puissances, - à la fois intérêts et principes, - qui émanent de leur propre vie, et que des abstractions nées en dehors de cette vie ne pourront jamais exercer sur elles cette action. Trompé par cette constante illusion de sa vie, il a cru jusqu'au dernier moment qu'on pouvait faire une révolution par un coup de surprise, et qu'une prise d'armes spontanée et simultanée par quelques centaines de jeunes gens, répandus par petits groupes dans tout le pays, suffirait pour soulever la nation.

Le soulèvement qu'il avait projeté pour ce printemps, préparé, calculé et organisé toujours de la même manière, aurait eu inévitablement le sort de toutes les entreprises précédentes. Les conséquences en eussent été peutêtre encore plus cruelles ; car l'Italie me semble se trouver dans une de ces situations critiques où chaque faute peut devenir fatale. Il ne faut pas que la révolution se déshonore par un mouvement insensé et que l'idée d'un soulèvement révolutionnaire tombe dans le ridicule.

Ce qui peut et doit sauver l'Italie de l'état de prostration avilissante et ruineuse dans lequel elle se trouve plongée maintenant, ce que vous devez préparer et organiser, ce me semble, ce n'est pas un ridicule soulèvement de jeunes gens héroïques mais aveugles, c'est une grande révolution populaire. Pour cela il ne suffit pas de faire prendre les armes à quelques centaines de jeunes gens, il ne suffit pas même de soulever le prolétariat des villes, il faut que la campagne, vos vingt millions de paysans se lèvent aussi.

Depuis le moyen-âge et même depuis la Rome antique, depuis que l'Italie a commencé son existence historique, on peut dire, toute sa vie politique et sociale, le mouvement de sa civilisation s'est concentré dans les villes. Au moyen-âge, vos campagnes formaient sous le point de vue politique et moral, comme un grand désert silencieux et aride, au sein duquel vos villes, exubérantes de mouvement, de richesse, d'intelligence et de sève, éclataient comme des oasis brillantes. Cette non-participation de la campagne à la vie prodigieuse de vos villes fut une des causes principales de la décadence de votre pays. Dans ce siècle, la résurrection glorieuse de l'Italie fut encore exclusivement l'œuvre de vos cités, à l'exclusion presque totale des campagnes. Donc jusqu'à ce moment vos paysans, c'est-à-dire à peu près vingt millions d'Italiens, sont restés en dehors de la vie historique de l'Italie, ou n'y ont participé que comme serfs et victimes.

Voilà où est le plus grand danger. Tout l'avenir de votre pays dépend du parti que vos paysans vont prendre dans la révolution prochaine. Jusqu'à présent ils sont restés passifs et ont subi presque sans résistance le sort et les formes de gouvernement que les villes ont bien voulu leur imposer. Mais vous le savez mieux que moi, les paysans chez vous, comme partout ailleurs, et chez vous peut-être plus que partout, n'aiment point les villes. Les villes ayant été, plus ou moins, politiquement révolutionnaires, les paysans ont été nécessairement réactionnaires, encore moins à cause de l'influence malfaisante que les prêtres exercent sur eux, qu'à cause de cette haine tout à fait naturelle et, disons-le, tout à fait légitime qu'ils nourrissent, par tradition historique aussi bien que par suite de toutes leurs expériences plus modernes, contre les villes. Les paysans détestent les bourgeois.

Aujourd'hui que le prolétariat des villes se réveille et s'organise révolutionnairement en Italie aussi bien que dans tous les autres pays de l'Europe, la campagne, la masse compacte des paysans, est devenue l'unique moyen de salut et l'unique point d'appui pour la réaction. Un point d'appui tellement formidable, qu'aussi longtemps que nous ne l'enlèverons pas à la réaction, nous ne pourrons jamais en triompher, nous serons toujours battus par elle. Toute la question du triomphe révolutionnaire se réduit donc à celle-ci :Comment soulever, comment révolutionner les paysans ?

Mes amis, n'est-il point clair, pour vous comme pour moi, que les formules magiques et mystiques de Mazzini, qui ont perdu aujourd'hui même cette puissance qu'elles avaient exercée jadis sur la jeunesse italienne, sont insuffisantes pour soulever non seulement les paysans, mais même le prolétariat de vos villes ? Peuple des campagnes et peuple des villes ont soit d'émancipation. Mais ce qu'on appelle liberté politique n'émancipe en réalité que la seule bourgeoisie ; et comme cette sorte de liberté organisée en un grand État centraliste, cet État fût-il même une république comme le voudrait Mazzini et comme le veulent encore les mazziniens ; comme la liberté coûte fort cher et comme toutes les dépenses de l'État tombent en dernier compte sur le peuple des travailleurs, il s'ensuit que cette liberté politique écrase d'une charge nouvelle le chameau populaire surchargé à n'en pouvoir plus porter, comme l'a fort bien dit le général Garibaldi. Cette soi-disant liberté politique au nom de laquelle les mazziniens, malgré tant de déceptions cruelles, ne désespèrent pas encore de soulever les masses populaires, sans la coopération puissante desquelles il n'y a point de révolution possible, cette liberté politique ne signifie donc pas autre chose, pour ces masses, que nouvelle servitude et nouvelle misère.

L'émancipation réelle pour le peuple ne pourra être conquise que par la révolution sociale. Cette révolution présentera nécessairement, comme toutes les choses vivantes et actives, deux faces : le côté négatif et le côté positif. Le côté négatif, c'est la distinction de ce qui est, de tout ce qui ruine et opprime la vie populaire ; ce sera précisément l'acte par lequel le chameau populaire jettera par terre le fardeau toujours grandissant qui l'écrase depuis des siècles ; et ce fardeau lui-même est d'une double nature, le fardeau proprement politique et fiscal, qui entrave le développement spontané, le libre mouvement des masses, d'un côté, et qui d'un autre les surcharge et les ruine d'impôts et de taxes, - c'est le fardeau de l'État. L'autre partie du fardeau, c'est l'exploitation économique du travail populaire par le capital monopolisé entre les mains de la très haute et très riche bourgeoisie. Au fond, ces deux parties du fardeau sont inséparables, car l'État nécessairement hostile, conquérant et rompant la solidarité humaine à l'extérieur, n'a jamais eu d'autre mission à l'intérieur que de consacrer, légitimer et régulariser l'exploitation du travail populaire, au profit des classes privilégiées.

Le renversement de l'État et du monopole financier actuels, tel est donc l'objet négatif de la révolution sociale. Quelle sera la limite de cette révolution ? En théorie, par sa logique, elle va très loin. Mais la pratique reste toujours derrière la théorie, parce qu'elle est soumise à une foule de conditions sociales, dont l'ensemble constitue la situation réelle d'un pays, et qui pèsent nécessairement sur chaque révolution vraiment populaire. Le devoir des chefs sera non d'imposer leurs propres fantaisies aux masses, mais d'aller aussi loin que le permettront ou que le commanderont l'instinct et les aspirations populaires. L'objet positif de la révolution sociale sera l'organisation nouvelle de la société plus ou moins émancipée.

Sous ce rapport aussi, l'idéal est très nettement posé par la théorie. Comme organisation politique, c'est la fédération spontanée absolument libre des communes et des associations ouvrières ; comme organisation sociale, c'est l'appropriation collective du capital et de la terre par les associations ouvrières. En pratique, ce sera ce que chaque section, chaque province, chaque commune et chaque association ouvrière pourra et voudra, pourvu que ce soit bien réellement la volonté réelle des populations et non l'arbitraire, la fantaisie ou la répugnance des chefs qui décident.

L'un des plus grands soucis de ceux qui se trouvent aujourd'hui à la tête du mouvement révolutionnaire socialiste en Italie, devrait être, selon moi, de trouver et de fixer, autant qu'il est possible de le faire aujourd'hui, au moins les lignes principales du plan et surtout du programme du soulèvement révolutionnaire prochain. Sans perdre jamais de vue l'idéal, qui doit nous guider comme jadis l'étoile polaire guidait les marins - et sous ce mot idéal j'entends toute la justice, toute la liberté, l'égalité économique et sociale la plus complète, et l'universelle solidarité et fraternité humaine - pour former un programme pratique et possible, il faut nécessairement tenir compte des différentes situations de chacune de vos provinces, aussi bien que des dispositions de certaines classes de votre société. Pas de toutes. Car si vous vouliez contenter toutes les classes, vous arriveriez nécessairement à zéro ; les intérêts des classes gouvernementales et supérieures étant trop opposées à ceux des couches inférieures pour qu'une conciliation entre eux soit possible. Je pense donc que toutes les classes qui, soit directement, soit indirectement, sont intéressées au maintien de l'État actuel doivent être sacrifiées sans pitié : ainsi toute la noblesse et toute la haute bourgeoisie financière, commerciale et industrielle, tous les grands propriétaires de la terre et des capitaux, et en grande partie aussi la moyenne bourgeoisie : celle dont les enfants remplissent aujourd'hui l'armée comme officiers et la bureaucratie comme fonctionnaires. Cette moyenne bourgeoisie, en Italie comme partout, est une classe lâche et stupide, l'appui de toutes les corruptions, de toutes les iniquités, de tous les despotismes.

Il y a en Italie quatre couches sociales dont, selon moi, il faut tenir compte. Et avant tout, les deux couches principales, les plus nombreuses et qui forment la base réelle de toute la nation : le prolétariat des villes et celui des campagnes ; les ouvriers proprement dits et les paysans. Ce sont eux qui doivent donner le ton principal, la tendance réelle à la prochaine révolution. Ai-je besoin de vous dire que les uns comme les autres sont nécessairement, éminemment, instinctivement socialistes ?

Vos ouvriers des villes vous en donnent chaque jour des preuves nouvelles. L'empressement avec lequel ils viennent se grouper sous le drapeau de l'Internationale partout où il se trouve seulement quelques individus de bonne volonté, capables de l'arborer, en est une preuve irrécusable. Les mazziniens eux-mêmes ont fini par le reconnaître ; aussi les voyons-nous aujourd'hui faire du socialisme de très mauvais aloi et avec beaucoup de gaucherie sans doute. Idéalistes, ils ne sauront jamais en faire de sérieux. Mais l'esprit socialiste qui s'est emparé des masses ouvrières est trop puissant pour qu'il leur soit possible de l'ignorer davantage. Dans cette masse que j'ai appelée le prolétariat des villes, l'idéal tout entier tel que je viens de le définir est déjà l'objet d'une tendance très marquée, très explicite, de sorte que s'il n'y avait que lui, on pourrait aller bien loin. La passion qui l'anime surtout c'est celle de l'égalité, de la justice absolues. Il veut que tous les hommes travaillent également aux mêmes conditions économiques et sociales, que le monde soit un monde de travailleurs, et qu'il n'y ait plus de messieurs, qu'il n'y ait plus de possibilité pour personne de s'engraisser par le travail d'autrui. Il veut que chaque ouvrier jouisse du plein produit de son propre travail. Mazzini lui-même, dans ses derniers écrits, a reconnu la légitimité de cette demande qui est inscrite la première dans le programme de l'Internationale. Mais savez•vous ce que cette demande signifie ? Rien moins que l'appropriation de tous les capitaux par les associations ouvrières, effectuée d'une manière ou d'une autre. Car tant que les capitaux resteront monopolisés entre les mains des individus comme propriété personnelle, et que par la même raison les associations ouvrières, représentant proprement le travail, resteront privées de capital, rien ne pourra empêcher les capitalistes de prélever à leur propre profit une partie et toujours la plus grande des produits de ce travail. L'intérêt du capital et toutes les primes gagnées par lui dans les différentes spéculations financières, commerciales et industrielles ne signifient pas autre chose que ce prélèvement inique. Car enfin, mettez ensemble autant de capitaux que vous voudrez, ils ne feront jamais d'enfants. Du moment que les associations ouvrières seront délivrées du joug du capital, ce qui signifie que, possédant des capitaux elles-mêmes, elles n'auront pas besoin de payer les services des capitaux étrangers, ces derniers ne donneront plus aucun intérêt, et leurs possesseurs actuels les auront mangé bien vite. Émancipation du travail ne peut donc signifier autre chose qu'expropriation des capitalistes et transformation de tous les capitaux nécessaires au travail en propriété collective des associations ouvrières.

Quant à l'idéal politique contenu dans les instincts du prolétariat des villes, il me semble partagé aujourd'hui entre deux tendances passablement opposées et contradictoires. D'un côté, l'ouvrier des villes, même le moins instruit, détaché par la nature même de ses occupations de cet esprit local qu'imprime la culture de la terre, comprend facilement la solidarité universelle des travailleurs de tous les pays, trouve plutôt sa patrie dans son métier particulier que dans la terre sur laquelle il est né. L'ouvrier des villes est plus ou moins cosmopolite. De l'autre, sans doute sous l'influence des doctrines bourgeoises qu'il a subies si longtemps, il n'est pas très opposé à la centralisation de l'État. Les ouvriers allemands et anglais rêvent aujourd'hui cette centralisation d'un grand État, pourvu, disent-ils, que cet État soit bien populaire : l'État des travailleurs, ce qui constitue une utopie selon moi, tout État et tout gouvernement centraliste impliquant nécessairement une aristocratie et une exploitation, ne fût ce que celles de la classe gouvernante. N'oublions jamais qu'État signifie domination et que la nature humaine est ainsi faite que toute domination se traduit fatalement et toujours en exploitation.

Par contre, la masse des paysans est naturellement fédéraliste. Le paysan est passionnément attaché à la terre et il déteste de tout son cœur la domination des villes et tout gouvernement extérieur qui lui impose sa pensée et sa volonté. En Angleterre et en Allemagne, la révolution qui se prépare prend décidément le caractère d'une révolution des villes, tendant à une nouvelle domination des villes sur la campagne. En Angleterre, le danger qui en résultera pour la révolution elle-même ne sera pas si grand, car proprement, si l'on excepte l'Irlande, la classe des paysans n'y existe pas - tous les travailleurs ruraux étant des salariés, payés par jour comme les ouvriers des villes. En Allemagne, c'est tout autre chose ; la masse des paysans y est immense, et il y a beaucoup de paysans propriétaires, comme en France. Par la faute des bourgeois qui à trois reprises différentes ont refoulé et réprimé le soulèvement spontané des paysans de l'Allemagne : en 1520 d'abord, puis en 1830, puis en 1848, cette masse immense forme aujourd'hui la grande forteresse de la réaction, le point d'appui formidable sur lequel M. de Bismarck fait travailler son levier menaçant contre toutes les libertés de l'Europe ; et le socialisme abstrait des Allemands y rencontre une opposition très sérieuse, très dangereuse.

Vous ne tomberez pas dans la faute des Allemands et vous ne vous contenterez pas de faire du socialisme de ville ; vous ne ferez pas abstraction de l'esprit et des aspirations naturelles et puissantes de votre prolétariat de campagne, de vos vingt millions de paysans. Vous ne condamnerez pas votre révolution à une défaite certaine, Voulez-vous que je vous dise toute ma pensée ? Eh bien, je crois que vous avez un élément révolutionnaire bien plus puissant et réel dans les campagnes que dans les villes. Sans doute il y a plus d'instruction chez vos ouvriers des villes. L'ignorance, hélas ! est générale dans votre pays. Mais elle est bien plus grande dans les campagnes que dans les villes. Dans le prolétariat des villes il y a plus de pensée, plus de conscience révolutionnaire, mais il y a plus de puissance naturelle dans les campagnes.

Votre peuple des campagnes est naturellement révolutionnaire, malgré les prêtres dont l'influence ne s'exerce que sur son épiderme. Et à ce propos je veux vous dire ce que je pense de la propagande de la libre pensée. Cette propagande est excellente pour le redressement de l'esprit et des tendances pratiques de la jeunesse plus ou moins lettrée. Mais sur le peuple proprement dit, son action est nulle. Car la religion du peuple n'est point autant l'effet d'une aberration théorique, que celui d'une protestation pratique de la vie populaire contre les étroites limites qui lui sont imposées, contre sa servitude et contre sa misère. Émancipez le peuple réellement, largement et vous verrez toutes les superstitions religieuses et tous les enivrements célestes tomber d'eux-mêmes. Ce n'est point la propagande de la libre pensée, c'est la révolution sociale qui tuera la religion dans le peuple.

Votre paysan est nécessairement socialiste et au point de vue révolutionnaire, on peut dire qu'il se trouve dans la plus excellente position, c'est-à-dire dans une situation économique détestable. À l'exception des paysans de la Toscane, peut-être, où il y a beaucoup de métayers, - j'ignore la situation économique de vos paysans romagnols, - les paysans du

Piémont, de la Lombardie, de tout l'ancien royaume de Naples se trouvent plongés dans une telle misère, leur existence est devenue si impossible, qu'une révolution partie des campagnes me paraît inévitable, alors même qu'elle ne serait dirigée par personne. Il y a deux ans, les paysans ne s'étaient-ils pas soulevés d'eux-mêmes à propos de cette loi « del macinato » [3] ? Et remarquez combien juste a été leur instinct. Sur plusieurs points, à Parme, par exemple, ils ont brûlé tout le papier timbré, leur ennemi mortel. L'autodafé de tout le papier timbré officiel, officieux, criminel et civil, me paraît à moi l'un des plus beaux moyens de la révolution franchement socialiste. C'est beaucoup plus humain et beaucoup plus radical aussi que de couper les têtes à la manière des jacobins.

Imaginez•vous que dans toutes les campagnes d'Italie retentisse ce cri : « Guerre aux châteaux. paix aux chaumières » - comme dans le grand soulèvement des paysans allemands en 1510 ; et cet autre encore plus explicite : « La terre aux paysans, c'est-à-dire à tous ceux et seulement à ceux qui la travaillent de leurs bras ! » - Croyez-vous qu'il se trouve en Italie beaucoup de paysans qui se tiendront tranquilles ? Et avec cela brûlez beaucoup de papier et vous aurez la révolution sociale toute faite.

Ainsi, expropriation des détenteurs des capitaux et transformation du capital en propriété collective des associations ouvrières ; et organisation de la solidarité universelle - tel est l'idéal du prolétariat des villes.

Complète liberté locale et la prise en possession de toute la terre par les travailleurs de la terre, tel est l'idéal du prolétariat des campagnes.

Ces deux idéals se laissent fort bien concilier par le principe de la libre fédération des communes et des associations ouvrières proclamé hardiment, il y a un an, par la Commune de Paris. Et s'il n'y avait que ces deux couches sociales, le programme de la révolution sociale serait bien vite tracé.

Mais il y a deux autres couches dont vous devrez tenir compte ; d'abord parce que par leur situation de plus en plus malheureuse, elles deviennent forcément chaque jour plus révolutionnaires, et parce que très nombreuses l'une et l'autre, elles exercent une influence très réelle sur le peuple : c'est, dans les villes, la petite bourgeoisie ; et dans les campagnes, c'est la classe des très petits propriétaires. Ces deux classes n'ont proprement point de programme, étant toutes les deux complètement désorientées. Par leurs traditions et leur vanité sociale, elles tiennent quelque peu aux classes privilégiées. Par leurs instincts de plus en plus menacés et sacrifiés, et par les conditions réelles de leur existence, elles sont par contre de plus en plus portées vers le prolétariat. Pourtant ils conservent encore quelques intérêts qui souffriraient d'une application par trop conséquente et logique du principe socialiste, tel qu'il se dégage déjà des aspirations des masses : concilier ces intérêts avec ces aspirations, sans toutefois sacrifier ces dernières, telle est l'œuvre qui vous incombe aujourd'hui.

Fédéralisme et socialisme, tels sont les deux éléments principes de la révolution prochaine. C'est absolument l'opposé du programme mazzinien. N'est-il pas clair alors que toute conciliation entre ces deux partis est impossible sur le terrain mazzinien ? Vous ne pouvez prendre part à leurs entreprises, d'abord parce qu'ils sont fatalement condamnés à échouer toujours ; et ensuite et surtout parce que vos buts et vos moyens sont absolument différents. Vous voulez l'émancipation complète et définitive de la société italienne et son organisation ou réorganisation nouvelle sur la base du travail à la fois libre et collectif, de bas en haut, par la voie de la fédération et des groupements naturels. Et ils rêvent, au contraire, pour cette société, un asservissement nouveau sous le joug d'un grand État unitaire. Vous voulez préparer et organiser un formidable soulèvement populaire qui balayera tout ce qui lui est opposé, brisant tout ce qui osera lui résister et rendant la résistance même impossible. Et incapables d'organiser ou même seulement de rêver un tel soulèvement, les mazziniens continueront à s'épuiser en entreprises ridicules.

Ce que je prévois - et c'est peut-être, au point de vue d'une pratique plus sérieuse, la meilleure chose qui puisse leur arriver - c'est que beaucoup d'entre eux tombent, sans s'en douter eux-mêmes, entre les mains d'Agostino Bertani, le seul parmi les chefs ou initiateurs secondaires des mouvements patriotiques passés qui ne se soit pas complètement épuisé et n'ait point entièrement compromis sa position et son caractère d'ancien révolutionnaire.

Parmi les notabilités mazziniennes, il n'y en a pas une seule qui soit réellement capable de diriger une entreprise. Ce sont des doctrinaires, non des hommes d'action. Quadrio, le plus respectable et le plus sympathique parmi eux, peut inspirer, enthousiasmer les jeunes gens pour lesquels il a un grand amour, mais je ne le crois pas capable de combiner et de diriger une action. Saffi est une sorte de savant manqué, un docteur d'une faculté qui n'existe pas, le Mélanchton d'une religion mort-née. Petroni, dit-on, est une sorte de sot jésuite ; Campanella, un fondateur de secte dans le parti mazzinien, comme Ali le fut dans la religion mahométane. C'est celui d'ailleurs que je connais le moins, mais d'après tout ce que j'ai pu recueillir sur son compte, ce n'est pas lui qui pourra remplacer l'action toujours faible, mais toujours géniale de Mazzini.

Bertani n'est point mazzinien, mais il a su conserver des rapports plus ou moins intimes avec les mazziniens et avec Mazzini lui-même, comme il a su les conserver aussi avec les garibaldiens, sans être un garibaldien lui-même, avec les libres-penseurs et avec la ci-devant gauche démocratique, - arrivée aujourd'hui à l'état de Gorgonzola ou de fromage de Limbourg, - les Crispi, Nicotera et Cie ; Bertani a été toujours avec tout le monde, l'ami de tout le monde, et il ne s'est jamais donné à personne ; il est même l'ami d'Alberto Mario, qui est trop vaniteux pour chercher un autre ami que lui-même et dont on peut dire, sans doute avec plus de raison, ce que Camille

Desmoulins avait dit de Saint-Just : « Qu'il porte sa tête comme un saint Sacrement. »

Bertani est l'homme politique par excellence. Il a toujours voulu fare da se. Hommes, partis et choses, tout doit lui servir de moyen. Avec cela, je le crois un républicain très sincère. Je pense et en récapitulant certaines conversations que j'ai eues, il n'y a pas trop longtemps, avec lui, je suis porté il croire qu'il nourrit au fond de son cœur cette passion ambitieuse secrète de ne point mourir avant d'avoir rétabli, ou au moins sans avoir puissamment contribué au triomphe et à l'établissement de la république en Italie. Seulement, de quelle république ? Fédéraliste ou centraliste ? Voilà ce que je n'ai pas su bien démêler. Je crois qu'il ne le sait pas encore bien lui-même. Bertani n'étant pas un doctrinaire, n'a pas d'idéal préconçu, et je pense que s'il a même quelques idées favorites, il les sacrifiera sans grande peine si les circonstances et le caractère, l'ensemble d'un mouvement le lui commandent. Il est l'ami de Giuseppe Mazzoni de Prato, celui qu'on appelle le Caton de la Toscane, l'ami d'Alberto Mario, et tous les deux sont des fédéralistes régionaux, chacun à sa manière ; il est fédéraliste avec eux et centraliste avec les mazziniens, comme il est constitutionaliste avec la gauche parlementaire. Au besoin il fera du socialisme et de l'internationalisme avec vous. En un mot, il se tient au-dessusde tous les partis, au moins dans son idée, avec l'intention de tirer avantage de chacun pour l'accomplissement de ses fins plutôt pratiques que théoriques et principielles. C'est l'homme d'État par excellence, élève plutôt de Machiavel que de Dante.

Et c'est précisément parce qu'il est un disciple de Machiavel que je le crois appelé maintenant à gouverner la troupe débandée des mazziniens, disciples de Dante. Pour les mazziniens, ce sera incontestablement très utile, parce que Bertani imprimera à leurs efforts révolutionnaires et républicains une tendance pratique qu'à eux seuls ils ne seraient jamais capables de réaliser. Mais il ne faut pas s'y tromper, la république pour le triomphe de laquelle travaillera Bertani, sera une république exclusivement bourgeoise ; parce que lui-même, bourgeois par le sang, par toutes ses pensées et par tous ses instincts, par ses intérêts, par son ambition et par toutes ses amitiés, il ne pourra jamais agir dans un autre sens que dans celui d'un homme d'État bourgeois, plutôt centraliste que fédéraliste, plutôt exploiteur que socialiste, qui cherchera sans doute à concilier les deux termes opposés et inconciliables, mais qui par instinct et par habitude d'esprit aussi bien que par nécessité de position, comme il convient d'ailleurs à tout homme d'État, finira toujours par sacrifier les autonomies et libertés locales à la centralisation de l'État, et la prospérité populaire à l'exploitation des capitalistes.

Si, comme je le présume, Bertani devient de fait le chef et le directeur occulte des entreprises du mazziniens, quelle est la position que vous, socialistes révolutionnaires, partisans de l'émancipation sérieuse du prolétariat, prendrez vis-à-vis de lui ?

L'ignorer serait une faute ; s'allier avec lui en serait une autre et, selon moi, encore plus grande. Vous n'êtes pas des théoriciens utopistes, vous voulez former un parti actif et puissant, capable de transformer, dans un terme aussi rapproché que possible, votre belle Italie en un pays de liberté, d'égalité, de justice, de bonheur et d'honneur pour tous. Vous vous organisez en vue de l'action ; par conséquent, il ne vous est pas permis d'ignorer aucun des éléments qui constituent la réalité actuelle. Vous devez bien connaître la force des erreurs que vous aurez à combattre, et aussi celle des éléments qui sans être précisément les vôtres, sont forcés de devenir jusqu'à un certain point et pendant toute la période de transition, en quelque sorte vos alliés, vos amis, ayant les mêmes adversaires à combattre. Les mazziniens, quoique d'une autre manière et pour d'autres raisons que vous, sont des ennemis acharnés de ce gouvernement qui, vous craignant beaucoup plus qu'il ne les craint, commence à vous persécuter dans toute l'Italie et vous persécutera, je le pense, bientôt avec un acharnement encore plus furieux. Jusqu'à un certain point, vous serez donc forcés de marcher parallèlement avec eux, de vous tenir au courant de toutes leurs entreprises, et non seulement de les laisser faire, mais quelquefois même, dans de très rares occasions sans doute, et en observant la plus grande prudence, de les seconder indirectement, en tant qu'en le faisant, vous pouvez espérer d'affaiblir et de démoraliser le gouvernement actuel, votre ennemi désormais le plus acharné, le plus puissant et le plus incommode. Dans toutes les luttes des mazziniens ou des bertaniens, c'est-à-dire des républicains bourgeois contre le gouvernement, vous vous abstiendrez sans doute le plus souvent et autant qu'il sera possible de faire sans vous suicider moralement et matériellement ; mais toutes les fois que vous vous sentirez forcés de sortir de cette passivité apparente, vous n'en sortirez, cela va sans dire, que pour prendre leur parti contre le gouvernement.

Vous serez donc forcés de vous organiser et de marcher parallèlement avec eux, pour pouvoir tirer profit pour la réalisation de vos propres buts, de chacun de leurs mouvements. Mais vous vous garderez bien, n'est-ce pas, de vous allier avec eux au point de vous confondre, vous ne leur permettrez jamais de pénétrer dans votre organisation, dans laquelle ils ne pourront jamais vouloir entrer que pour la fausser, que pour la détourner de son but, que pour la paralyser et que pour la dissoudre. Ils n'auraient pas même cette intention, qu'ils travailleraient indirectement dans ce but, tant leur nature est contraire à la vôtre. - Il me paraît donc absolument nécessaire que toutes vos organisations, tant publiques que secrètes, restent tout à fait en dehors de toutes les organisations mazziniennes et bertaniennes.

Et maintenant un mot sur votre organisation romagnole, et en général sur celle des sections de l'Internationale en Italie. Croyez-vous qu'elles pourront résister et survivre, en tant qu'organisations publiques et légales, aux persécutions de votre gouvernement ? - Il n'est plus de doute possible, la persécution contre l'Internationale est universelle, internationale. Après la défaite de la France républicaine et socialiste, il fallait d'ailleurs s'y attendre. L'Allemagne impériale, l'Allemagne de Bismarck, unie tendrement avec le knout tsarien de Russie, se trouve, comme de raison, à la tête de la réaction. Bismarck semble peu faire lui-même, mais il fait faire les autres. Il (dirige) [4]souvent, sans qu'ils le soupçonnent eux-mêmes, la politique intérieure de tous les autres gouvernements ; et il n'est point de doute qu'il n'y ait une entente positive entre tous contre l'Internationale, la plus puissante et on peut même dire l'unique représentante de la révolution en Europe, aujourd'hui. - En France, en Italie, en Belgique, en Allemagne on sévit contre elle. Si les choses marchent quelque temps dans ce sens, la Suisse entrera bientôt dans la même voie. D'abord elle est trop faible pour résister longtemps à la pression impérative des grandes puissances qui l'entourent et qui ne demanderaient pas mieux que de la partager entre elles ; et ensuite il faut dire aussi que la bourgeoisie soi-disant radicale, celle qui gouverne aujourd'hui dans la plus grande partie des cantons de la Suisse, ne demandera pas mieux que de se voir forcée par la pression diplomatique des grandes puissances, à sévit contre l'Internationale. Cette association n'a qu'un seul abri en Europe à cette heure : c'est l'Angleterre. Il faudrait une révolution aristocratique, un renversement de la Constitution pour | 'en chasser. Et les associations ouvrières y forment déjà une véritable puissance, au point que les partis politiques, tories, whigs etradicaux, se voient forcés de compter avec elle. Mais dans tous les pays du continent de l'Europe, l'existence publique, avouée de l'Internationale est terriblement menacée. Et nulle part elle n'est encore arrivée à cette concentration de forces qui la rende menaçante à son tour, - je parle d'aujourd'hui, non de demain, car je suis certain que demain est à nous, - nulle part, excepté en Espagne peut-être. Des lettres que je reçois de différents points de ce dernier pays m'annoncent, en effet, que les ouvriers socialistes de l'Espagne, très …[5] et très sérieusement organisés, et non seulement les ouvriers mais les paysans de l'Andalousie, parmi lesquels les idées socialistes ont été très heureusement propagées, se proposent de prendre une part très active à la révolution qui se prépare, donnant cette fois la main aux partis politiques, sans toutefois se confondre avec eux, et avec l'intention bien arrêtée d'imprimer à cette révolution un caractère franchement socialiste. Nous attendons tous avec anxiété l'issue des événements décisifs qui s'annoncent. Tout le Midi de la France s'organise, jusqu'à Paris même, malgré toutes les lois votées par les ruraux de Versailles, et cette organisation se fait sous la direction de nos alliés, non sous celle de Londres, dont la propagande tant prônée en réalité se réduit à zéro. Si la révolution triomphe en Espagne, ce sera naturellement un formidable appoint pour la révolution en Europe. Si elle succombe, la réaction qui nous menace partout sera plus formidable encore. - Mais même dans le cas de triomphe de la révolution en Espagne, le premier effet qui en résultera immanquablement dans les autres pays de l'Europe, en France, en Belgique, en Allemagne, en Italie et en Suisse, grâce surtout à la réforme centraliste qui menace de tuer les libertés cantonales de ce pays, - sera une recrudescence de la réaction. - Alors même que le gouvernernent de Versailles ne serait pas capable lui-même de réprimer la révolution dans le Midi de la France, n'oublions pas que l'armée de Bismarck occupe encore le nord-est de la France ; et pour moi, il n'est point de doute qu'il existe déjà maintenant une entente entre Bismarck et votre gouvernement italien, et que dans les derniers pourparlers qui ont eu lieu, le cas du triomphe de la révolution en Espagne n'a point été oublié, d'autant moins qu'il intéresse directement votre dynastie régnante.

Enfin, je prévois dans tous les pays de l'Europe et en Italie surtout des persécutions très sérieuses contre les socialistes et contre toutes les organisations de l'Internationale. Ce qui vient de se passer à Milan en est la preuve. Le Martello est un journal qui ne s'est jamais permis aucune excentricité. Au contraire, très décidé dans le fond, il a adopté une forme très prudente et très modérée. En le confisquant systématiquement, en lançant des mandats d'arrêt contre le gérant et contre le directeur, en menaçant les jeunes gens qui font partie du comité du « Circolo operaio » de les envoyer au « domicilio coatto », on prouve qu'il y a un parti pris systématique contre l'Internationale de la part de votre gouvernement ; et je ne pense pas qu'on se limite à la seule Lombardie. Je crois que c'est une mesure arrêtée pour toute l'Italie. Je ne doute pas que bientôt on ne prenne des mesures très énergiques et très arbitraires pour dissoudre, pour anéantir votre « fascio operaio ». Que ferez•vous alors ? Un soulèvement ? Ce serait magnifique si vous pouviez avoir l'espoir de triompher. Mais pensez-vous l'avoir ? Êtes-vous assez bien préparés, assez solidement organisés pour cela ? Avez-vous la certitude de soulever avec vous toute la Romagne, les paysans y compris ? Si oui, ramassez le gant qu'on vous jette. Mais si vous n'avez point cette confiance, - ie ne vous parle pas d'illusions, mais d'une confiance basée sur des faits positifs, - alors, de grâce, ayez la force de comprimer votre indignation naturelle, d'éviter une bataille qui devrait terminer pour vous en défaite. Rappelez-vous qu'une défaite nouvelle serait mortelle non seulement pour vous, mais pour toute l'Europe. Je pense qu'il faut attendre l'issue du mouvement espagnol, et alors, lorsque le mouvement de ce pays prendra un caractère largement et franchement révolutionnaire, il faudra se soulever tous ensemble, pas seulement la Romagne, mais toutes les parties de l'Italie qui sont capables d'un mouvement révolutionnaire.

Et, en attendant, que faire si l'on dissout violemment votre organisation publique ? Il faut la transformer en organisation secrète, en lui imprimant alors un caractère, en lui donnant un programme beaucoup plus révolutionnaire que celui que vous avez pu lui donner jusqu'ici...

Sans doute il est très désirable que vous puissiez conserver l'organisation publique et légale des sections romagnoles et autres qui constituent le « fascio operaio ». Mais si les persécutions gouvernementales vous forcent à les dissoudre en tant qu'organisations politiques, vous serez bien forcé de les transformer en organisations secrètes, à moins de vous condamner, vous et tous vos amis et votre cause avec vous, à un anéantissement complet. Pour quiconque vous connaît, comme je commence à vous connaître, cette dernière supposition est inadmissible. Je dirai plus ; même dans le cas où vous parviendriez, à force de lutte énergique et habile, à sauvegarder l'existence de vos sections publiques, je pense que vous arriverez tôt ou tard à comprendre la nécessité de fonder au milieu d'elles des nuclei composés des membres les plus sûrs, les plus dévoués, les plus intelligents et les plus énergiques, en un mot des plus intimes. Ces nuclei intimement reliés entre eux et avec les nuclei pareils qui s'organisent ou s'organiseront dans les autres régions de l'Italie ou de l'étranger, auront une double mission : d'abord ils formeront l'âme inspiratrice et vivifiante de cet immense corps qu'on appelle l'Association internationale des travailleurs en Italie comme ailleurs ; et ensuite ils s'occuperont des questions qu'il est impossible de traiter publiquement. Ils formeront le pont nécessaire entre la propagande des théories socialistes et la pratique révolutionnaire. - Pour des hommes aussi intelligents que vous et vos amis, je crois en avoir assez dit.

C'est surtout au point de vue de cette organisation intime dans toute l'Italie que j'ai beaucoup désiré que le Congrès de la démocratie italienne, dont avec votre illustre général[6] vous aviez pris l'initiative, se réunît au plus vite. Ce serait pour tous les démocrates socialistes, pour tous les socialistes révolutionnaires de l'Italie les plus sérieux une si magnifique occasion de se connaître, de s'entendre et de s'allier sur la base d'un programme commun. Naturellement, cette alliance secrète n'accepterait dans son sein qu'un très petit nombre d'individus, les plus sûrs, les plus dévoués, les plus intelligents, les meilleurs ; car dans ces sortes d'organisations, ce n'est pas la quantité, c'est la qualité qu'il faut chercher. Ce qui doit, selon moi, distinguer votre pratique révolutionnaire de celle des mazziniens, c'est que vous n'avez pas besoin de recruter des soldats pour former de petites armées secrètes, capables de tenter des coups de surprise. Les mazziniens doivent le faire, parce qu'ils veulent et croient pouvoir faire des révolutions en dehors du peuple. Vous ne voulez qu'une révolution populaire ; par conséquent vous n'avez pas à recruter une armée, car votre armée c'est le peuple. Ce que vous devez former, ce sont les états-majors, le réseau bien organisé et bien inspiré des chefs du mouvement populaire. Et pour cela, il n'est aucunement nécessaire d'avoir une grande quantité d'individus initiés dans l'organisation secrète.

J'ai donc été très affligé en voyant que le général, ennuyé par la discordance des opinions démocratiques et socialistes en Italie, a fini pour ainsi dire par renoncer à l'idée de réunir ce congrès ou bien l'a remis à un temps indéterminé, lorsqu'il y aura plus d'harmonie dans les idées. Je crois que si vous voulez attendre jusque-là, vous attendrez longtemps, toujours, et que vous mourrez tous sans avoir vu cette harmonie absolue se réaliser. Mon cher ami, laissez-moi vous le dire, cette harmonie est irréalisable et elle n'est même pas désirable. Cette harmonie, c'est l'absence de la lutte, l'absence de la vie, c'est la mort. En politique, c'est le despotisme. Prenez toute l'histoire et convainquez-vous qu'à toutes les époques et dans tous les pays, lorsqu'il y a eu développement et exubérance de la vie, de la pensée, de l'action créatrice et libre, il y a eu dissension, lutte intellectuelle et sociale, lutte de partis politiques et que c'est précisément au milieu de ces luttes et grâce à elles que les nations ont été les plus heureuses et les plus puissantes dans le sens humain de ce mot. Cette lutte n'a point ou presque pas existé dans les grandes monarchies asiatiques : aussi y a-t-il eu absence complète de développement humain. Voyez d'un côté la monarchie persane avec ses troupes innombrables et disciplinées, et de l'autre la Grèce libre, à peine fédérée, continuellement tourmentée par la lutte de ses peuples, de ses idées, de ses partis. Qui a vaincu ? C'est la Grèce. Quelle fut l'époque la plus féconde de l'histoire romaine ? Ce fut celle de la lutte de la plèbe contre le patriciat. Et qui est-ce qui a fait la grandeur et la gloire de l'Italie du moyen-âge ? Certes ce ne furent ni la papauté ni l'empire. Ce furent les libertés municipales et la lutte intestine des opinions et des partis. Napoléon III avait fini par endormir les luttes intestines en France, et par là-même il l'a tuée. Que le destin de votre belle patrie la garde d'une époque où tous les esprits seraient calmés et d'accord. Ce serait l'époque de sa mort.

Voyez comme les opinions peuvent être différentes. Beaucoup de démocrates italiens s'effrayent des divisions qui dans ces deux dernières années ont surgi au sein du parti démocratique et y voient les signes de la décadence de ce parti. J'y vois, moi, au contraire, le signe de sa résurrection et une garantie de sa puissance féconde et vitale. La « consorteria » n'est point divisée. - Est-elle plus vivante pour cela ? Tant qu'elle était encore divisée en certains ...[7] elle conservait des restes de vie. Mais aujourd'hui qu'une touchante unité s'est établie dans son sein, et que cette concordance a encore envahi le parti de la gauche parlementaire, qui n'en est plus séparée que par des intérêts et des ambitions personnelles, ne sentez-vous pas que toute cette Italie officielle est bien morte. Eh bien ! il y a encore quelques ans, la démocratie italienne endormie dans l'uniformité harmonieuse des mêmes ...[8], était sur le point de mourir. - Le socialisme lui a rendu la vie et par là-même a suscité dans son sein un immense développement de pensées et de tendances diverses, et par conséquent la lutte intestine, cette grande éducatrice de la force qui crée...

Je ne me fatiguerai jamais à le répéter : L'uniformité, c'est la mort. La diversité, c'est la vie. L'unité disciplinaire, qui ne peut s'établir dans un milieu social quelconque qu'au détriment de la spontanéité créatrice de la pensée et de la vie, tue les nations. L'unité vivante, vraiment puissante, celle que nous voulons tous, c'est celle que la liberté crée au sein même des libres et diverses manifestations de la vie, s'exprimant par la lutte : c'est l'équilibration et l'harmonisation de toutes les forces vivantes. - Je comprends qu'un général de division d'une armée régulière adore le silence de mort que la discipline impose à la foule. - Votre général, notre général, le général du peuple, n'a pas besoin de ce silence d'esclaves : habitué à vivre et à commander au milieu des orages, il n'est jamais si grand que dans l'orage. L'orage, c'est le déchaînement de la vie populaire, seuls capable d'emporter tout ce monde d'iniquités établies, - et nous ne pouvons pas assez déchaîner cette passion et cette vie.

Pour en revenir au congrès de la démocratie italienne, je vous avoue que je n'ai jamais espéré ni même désiré qu'il produise une conciliation et une harmonisation impossibles entre toutes les opinions qui sont, ou qui se croient, ou se disent avancées : entre les francs•maçons, Campanella, Stefanoni, Filoppenti et tutti quanti et entre les révolutionnaires socialistes sincères. - Une pareille conciliation, si elle pouvait se réaliser jamais, serait selon moi le plus grand malheur qui puisse frapper l'Italie, car selon les règles éternelles de la logique, $+ 1 - 1 = 0$. - Ce serait l'anéantissement de la cause vivante, populaire. au profit de quelques phrases mortes et de quelques phraseurs doctrinaires et bourgeois. Votre congrès sera, comme tous les congrès, une sorte de tour de Babel ; mais il vous donnera la possibilité de reconnaître les vôtres, c'est-à-dire les socialistes révolutionnaires de toutes les régions de l'Italie, et de former avec eux une minorité sérieuse, bien organisée et seule puissante, parce qu'exprimant les aspirations et les intérêts populaires : seule elle représentera le peuple dans ce congrès.

Maintenant, cher ami, que je vous ai dit avec une pleine sincérité mon idée sur la seule révolution italienne qui me paraisse désirable et possible, je veux répondre à vos autres questions :

1° Je pense, je suis fermement convaincu que le général a tort de soupçonner l'honnêteté politique de ce pauvre Terzaghi. Je crois vous avoir dit déjà mon opinion sur son compte. C'est un cerveau brûlé, un cœur tant soit peu léger et vain. Dans les derniers temps, il s'est démené comme un fou dans sonProletario, sautant d'une fantaisie et d'une proposition à une autre, non sans doute pour le plus grand bien réel de l'Internationale. Mais je suis convaincu qu'il est incapable de trahison... Ce qui est certain, c'est qu'il n'a point la persistance et l'égalité de l'esprit et du cœur nécessaires pour bien diriger la section de Turin. Cette pauvre section, dont les éléments me paraissent excellents et fort nombreux, paraît rester sans direction aucune et ballottée entre les vaniteux et les intrigants. Ce M. Beghelli lui fait un grand mal, et il paraît qu'il ne se trouve paeronne à Turin pour mettre ordre à cette dégoûtante anarchie. Il y a longtemps que je n'ai aucune nouvelle de Turin ; Terzaghi m'ayant paru trop indiscret, trop bavard pour des rapports intimes, et en dehors de lui je n'y connais personne. Si vous avez des rapports avec des hommes sérieux à Turin, tâchez d'agir par eux. Longtemps j'avais compté sur Anatole qui m'avait inspiré beaucoup, beaucoup de sympathie et de confiance. Malheureusement Anatole paraît être trop l'ami de M. Beghelli, pour être resté le mien. Il n'a pas répondu à mes dernières lettres et nous en sommes restés là.

2° Je regrette aussi vivement que le général mette sur la même ligne laCampana de Naples avec le Proletario de Turin. La Campana est un journal beaucoup plus sérieux. Vous y avez lu sans doute les lettres si remarquables de notre ami le docteur et le député socialiste Saverio Friscia. Je n'ai pas besoin de vous le recommander. Son nom doit vous être connu comme celui d'un homme, d'un ancien patriote très intelligent, très sérieux et très pur, C'est un esprit remarquable et un caractère, toute une existence universellement estimée, - il a une très grande influence en Sicile. Pensez-vous que lui, qui connaît si bien Naples et les hommes et les choses à Naples, qu'il aurait écrit dans la Campana s'il ne la considérait pas comme une gazette sérieuse ? Et, en effet, j'y ai trouvé des articles très remarquables, écrits avec autant de talent que d'esprit. Il est évident que les jeunes gens qui la dirigent sont ardemment et sincèrement convaincus. Ils y mettent sans doute beaucoup de passion... Mais, Santo Diavolo ! comme on dit à Naples, depuis quand le zèle passionné et ardent est-il devenu un défaut chez les jeunes gens ? Ils professent quelques idées qui vous déplaisent ; eh bien ! combattez-les, opposez-leur d'autres idées, mais laissez-leur de grâce cette sainte liberté de la pensée, qui ne doit pas être un monopole entre les mains de notre ami M. Stefanoni qui, par parenthèse, en use amplement pour calomnier l'Internationale d'un point de vue bourgeois.

3° Enfin, j'arrive à la troisième question, celle qui me concerne personnellement. Les attaques de la secte hébraïco-germanique ne sont pas une nouveauté pour moi. Depuis 1848, dans les journaux allemands, ils m'ont attaqué publiquement et de la manière la plus ignoble, prétendant qu'Herzen et moi nous étions à la solde d'un comité panslaviste et tzarien. Herzen et moi nous avons combattu toute notre vie la politique du tzar. Quant à moi, je me suis posé dès le commencement de ma carrière le devoir de combattre spécialement le panslavisme - et nul ne le sait mieux que ces juifs allemands. - Mais chez eux, c'est un parti pris de calomnie. Jusqu'à présent j'avais dédaigné de leur répondre. Il paraît qu'ils veulent me forcer à rompre ce silence. Je le ferai, quoique bien à contre•cœur ; car il me répugne d'introduire des questions personnelles dans notre grande cause et rien ne me dégoûte tant que d'occuper le public de ma propre personne. J'ai fait tout mon possible pour que mon nom n'intervienne pas dans la polémique des journaux italiens au sujet de l'Internationale. J'ai arrêté pour cela la publication de mes écrits contre les mazziniens ; et lorsque M. Engels m'a indirectement attaqué dans la réponse à Mazzini, j'ai encore gardé le silence... Maintenant ils m'attaquent par de sourdes calomnies. En même temps que je reçois votre lettre, j'en recevais une autre de Milan, une troisième de Naples qui me disaient à peu près la même chose. Alors je conçus la pensée de publier dans les journaux italiens une lettre de défi adressée aux intrigants du Conseil général. Je le ferai, s'ils mettent ma patience à bout. Mais avant de le faire, puisqu'il s'agit de personnalités et non de principes, je veux encore essayer un dernier moyen de conciliation. Je veux d'abord adresser au Conseil général une lettre privée, dont je vous enverrai la copie. Et s'ils ne me donnent pas une réponse satisfaisante, alors je les forcerai à s'expliquer en public.

En attendant, je vous envoie le discours sur la Russie que j'ai prononcé à Berne et qui vous donnera une idée juste de ce qu'ils appellent mon panslavisme.

Quant à vous, cher ami, je vous serre fraternellement la main et je vous remercie de la confiance si noble que vous me témoignez, et à cette confiance je réponds avec une pleine sincérité.

Votre dévoué,

B.

À propos des belles résolutions de votre dernier congrès, il s'est glissé un mésentendu. - Naturellement dans la troisième concernant la distinction qui existe entre le Conseil général et le Comité du Jura bernois. - Celui-ci n'a jamais eu l'idée de se poser en Conseil général. Il n'a d'autre position que celle de votre Consolato de Bologne. Il n'a jamais prétendu qu'être le Comité de la région jurassienne, sans aucune prétention d'imposer son autorité à aucune autre région. - Il reconnaît lui-même le Conseil général, mais seulement dans les strictes limites de ses attributions, telles qu'elles ont été établies par les statuts généraux.

# NOTES

1. Mazzini mourut le 10 mars 1872.
2. Une légère déchirure du papier empêche de reconnaître le mot.
3. Monture.
4. Le verbe manque dans le manuscrit, mais le contexte conduit naturellement à l'interprétation adoptée.
5. Mot illisible.
6. Garibaldi.
7. Mot illisible.
8. Mot illisible.

www.ingramcontent.com/pod-product-compliance
Lightning Source LLC
Chambersburg PA
CBHW070528290526
45790CB00003B/1340